Pièce
4° F
1001

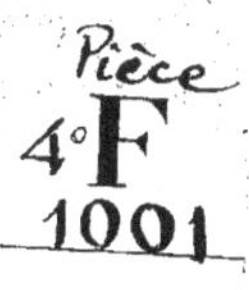

RAPPORT

SUR

L'APPLICATION ERRONÉE DE LA LOI DU 20 JUILLET 1897

EN CE QUI CONCERNE

LE PERMIS DE CIRCULATION

DÉLIVRÉ

AUX CHALANDS REMORQUÉS

CHARGÉS DE MARCHANDISES A FRETS

MARSEILLE

TYPOGRAPHIE ET LITHOGRAPHIE BARLATIER

19, Rue Venture

1899

RAPPORT

SUR

L'APPLICATION ERRONÉE DE LA LOI DU 20 JUILLET 1897

EN CE QUI CONCERNE

LE PERMIS DE CIRCULATION

DÉLIVRÉ

AUX CHALANDS REMORQUÉS

CHARGÉS DE MARCHANDISES A FRETS

MARSEILLE

TYPOGRAPHIE ET LITHOGRAPHIE BARLATIER

19, Rue Venture

—

1899

Ce rapport a été approuvé à l'unanimité des membres présents à l'Assemble qui fut tenue le 11 décembre 1899, à Marseille, pour protester contre *l'application erronée de la loi du 20 juillet 1897 en ce qui concerne* **le permis de circulation délivré aux chalands remorqués, chargés de marchandises à frets**. Envoi en a été fait à M. le Ministre de la Marine, avec une lettre signée par tous les syndicats maritimes, ouvriers, commerciaux, industriels et par les armateurs des bâtiments à vapeur et à voiles qui assistaient à la réunion.

L'Assemblée nomma une Commission dite : « *commission générale des représentants des syndicats maritimes, commerciaux et industriels pour la défense de la marine marchande côtière par la suppression des chalands remorqués chargés de marchandises à frets* » dont la mission est de poursuivre par tous les moyens possibles l'obtention des conclusions du présent rapport.

Marseille, le 18 décembre 1899.

RAPPORT

SUR

L'Application erronée de la loi du 20 Juillet 1897

en ce qui concerne

LE PERMIS DE CIRCULATION

délivré aux CHALANDS REMORQUÉS chargés

de marchandises à frets.

Le 20 juillet 1897 fut promulguée la loi dite « Loi sur le permis de navigation maritime et sur l'évaluation des services donnant droit à la pension de demi-solde ».

La Chambre des Députés s'en occupa une première fois le 7 mars 1896 et l'adopta en deuxième délibération dans sa séance du 2 juin de la même année ; le Sénat la vota le 1er juillet 1897.

C'est en nous appuyant sur les articles de cette loi qui modifie en de certains points le décret-loi du 19 mars 1852 sur le rôle d'équipage que nous voulons démontrer l'illégalité commise par l'Inscription maritime lorsqu'elle laisse sortir de notre port les chalands remorqués servant au transport « des marchandises à fret. »

Pour la parfaite compréhension de la cause que nous soutenons à bon droit, il est utile que nous indiquions que depuis quelque temps une nouvelle industrie maritime s'est créée à Marseille et ne tardera pas à étendre ses néfastes effets dans nos autres ports français, si le Ministère de la Marine revenant à la juste application du texte même de la loi, proposée et soutenue par lui, n'en enraye pas le développement. L'application de la loi est, du reste, chose bien facile ; les termes de ses articles, et en particulier de l'article 1er qui est celui qui est pour nous le plus important, sont si clairement énoncés, leur lucidité est si parfaite, qu'il est difficilement compréhensible que les erreurs que nous déplorons aient pu être commises jusqu'à ce jour.

Voici donc que des chalands (deux, trois, quatre parfois) d'une longueur moyenne de 50 à 80 mètres, d'un volume variant de 100 à 2, 3 et 400 tonnes sont traînés, amarrés, l'un derrière l'autre, par un remorqueur qui les mène de Marseille à Toulon, à Cannes, Antibes, Nice, Cette et au besoin suivant les offres de fret dans tous les autres ports de notre côte de Provence ; mis en charge à Marseille, ces chalands effectuent ainsi en remorque un service régulier, et il est nécessaire de transcrire ici l'annonce que publie plusieurs fois par semaine le *Sémaphore* de Marseille :

TRANSPORTS PAR CHALANDS REMORQUÉS

Service direct bi-hebdomadaire entre MARSEILLE et NICE

Le chaland fr. — — — partira de Marseille le Mercredi **15 Novembre.**

Le chaland fr. — — — partira de Marseille le Samedi **18 Novembre.**

Ligne régulière entre SAINT-LOUIS-DU-RHONE MARSEILLE, TOULON, et

Autres escales facultatives

Pour fret et renseignements s'adresser, chez MM. — —, rue — —.

Les marchandises reçues au Môle —. côté —, tous les jours excepté les dimanches et jours fériés. Dernier délai, jours de départs à midi.

Peut-on d'une façon plus évidente affirmer l'utilisation de ces chalands et prouver l'idée bien précise de leurs propriétaires de faire concurrence à la navigation à vapeur côtière ! De même qu'à Marseille, les chalands remorqués ont leur annonce dans les feuilles commerciales des localités où ils font escales, et des agences, spécialement installées à leur effet, leur procurent l'aliment de fret qu'ils sollicitent et qu'ils arrachent de plus en plus aux navires à voile et à vapeur faisant le petit cabotage.

Le prix moyen du fret par vapeur de Marseille à Nice est de 7 à 8 francs la tonne de mille kilogs ; par chalands le fret est

couramment offert à 5 francs ; et peu importe la baisse que pourraient pratiquer les vapeurs ou voiliers, jamais elle ne pourra faire
atteindre à leurs frets les conditions des chalands : pour les
grosses parties de chargement, ceux-ci taxent 4 fr. 50 et 4 francs
par tonne, et comme le coût des affrètements par tartanes, dont
les frais sont cependant plus élevés que ceux des chalands, est
souvent de 3 et 3 fr. 50, il est à présumer que le fret de 4 francs
peut facilement, sans qu'il en résulte de perte pour les chalands,
être diminué encore.

Les éléments de dépenses sont tellement dissemblables, que
tandis qu'aujourd'hui les frets par vapeurs côtiers son descendus
au minimum de la baisse possible, ceux des chalands remorqués
laissent à leurs propriétaires un large bénéfice. Déjà les tarifs
des chemins de fer dont les voies longent le littoral de Port-
Vendres à Menton ont été progressivement diminués au point de
faire une concurrence redoutable à la navigation côtière, mais
jamais elle ne s'était encore trouvée en face d'une ennemie aussi
dangereuse, luttant contre elle à armes aussi inégales et de
manière aussi déloyale. Cette industrie de la remorque aura
vite raison de ce qui reste de l'armement à vapeur au petit cabotage ; l'on peut escompter qu'à brève échéance sa disparition sera
complète.

Il est facile d'établir le relevé du tonnage exporté de Marseille
par les chalands remorqués ; mieux que tous les raisonnements
possibles, les chiffres prouvent l'envahissement progressif et
continu de ce mode de transport ; plus des 4 sixièmes du fret
jadis confié aux vapeurs vont à ces cales inertes que tire derrière
lui un remorqueur. Les deux armateurs qui desservent encore
d'une façon régulière les ports de la côte française méditerranéenne voient leurs navires partir presque à vide, et ils envisagent le moment où ils devront renoncer à une lutte coûteuse et
stérile ; après s'être attachés à ruiner sur Cassis, La Ciotat,
Aigues-Mortes, etc., les petits voiliers, les tartanes, les côtres,
qui trouvaient leur aliment dans le transport des matériaux de
constructions, les sables, les tuiles, les vins, les chaux et ciments,
les chalands en remorque ont poussé jusqu'à Toulon, à St-Tropez,
à St-Raphaël, puis à Cannes, Nice, Cette ; ils vont sous peu aller
en Corse ; pourquoi n'iraient-ils pas en Algérie ?

Il n'y a pas de raison pour que l'Inscription maritime refuse
aux chalands mis en charge pour Oran ou Alger le permis de
circulation qu'elle leur délivre si facilement et si impunément
pour Toulon, Cette ou Nice ; il n'est pas prévu dans la loi de
minimum de distances pour l'utilisation de ce permis, et une fois

qu'ils l'auront en leur possession, ils pourront tout aussi bien faire le grand que le petit cabotage au même mépris des lois et de toutes les ordonnances maritimes les plus élémentaires sur l'armement des navires et sur leur navigation.

L'article premier de la loi du 20 juillet 1897 dit : « Le rôle d'équipage rendu obligatoire par l'article premier du décret-loi du 19 mars 1852, pour tous les bâtiments et embarcations exerçant une navigation maritime ne sera pas délivré aux bâtiments et embarcations employés soit à une navigation d'agrément, soit à l'exploitation de parcelles concédées sur le domaine public maritime et de propriétés agricoles ou industrielles, riveraines du dit domaine, ni *aux chalands*, pontons et autres engins flottant *exclusivement affectés aux entreprises industrielles* dans les eaux maritimes. Il sera délivré pour la navigation d'agrément, un permis de navigation de plaisance et, pour celle qui se rapporte à l'exploitation de parcelles du domaine public, de propriétés particulières ou *d'entreprises industrielles*, un permis de circulation. »

Il appert d'une façon irréfutable que le permis de circulation ne doit être concédé qu'à des chalands, pontons ou engins flottants, destinés *exclusivement* à l'exploitation d'entreprises industrielles, et c'est tellement ainsi, que voulant préciser davantage l'inscription maritime sur le permis de circulation lui-même qui est délivré aux chalands remorqués, a fait ajouter en toutes lettres que ce permis ne sera accordé qu'aux « cultivateurs, industriels, manufacturiers ou autres, pour l'exploitation de propriétés rurales, fabriques, usines et biens de toutes natures, situés dans les îles ou sur les bords de fleuves ou de rivières dans leur partie maritime » et plus bas après l'énonciation du nom du propriétaire du navire, et d'autres indications, il est imprimé ces mots : « Le présent permis, valable pour un an seulement, est destiné à tenir lieu du rôle d'équipage, mais ne peut, *dans aucun cas*, donner le droit de se *livrer au transport à fret*. »

Aussi sommes nous étrangement surpris de voir l'Inscription maritime de Marseille délivrer couramment des permis de circulation de cette nature, aux chalands remorqués, dont le but unique est le transport à fret, et dont, du reste, les propriétaires s'en cachent si peu, qu'après, comme nous l'avons déjà montré, avoir fait insérer leurs annonces de départs dans les journaux, après avoir déposé leurs manifestes en Douane, ils obtiennent de la Marine un permis de circulation indiquant que ces chalands sont autorisés à naviguer dans les eaux maritimes pour « faire le transport de diverses marchandises. »

C'est la formule employée, et l'on assiste ainsi à cette immédiate juxtaposition d'une autorisation et d'une défense, et à cette contradiction vraiment inouïe, de voir délivrer à un individu une autorisation portant transcrite sur elle la loi qui fait absolue défense qu'on l'accorde dans les conditions où elle est donnée. A quoi sert donc la peine édictée par l'article 5 ?

Quelque inexplicable et invraisemblable que soit la chose, elle est cependant, et elle *est* du fait d'une circulaire ministérielle en date du 9 septembre 1898. Cette circulaire dit au paragraphe 4 : « Il doit être bien entendu que tous ces porteurs (chalands, gabarres, autres engins flottants), doivent être *rigoureusement exclus du rôle d'équipage,* alors même qu'ils seraient affectés à des transports de marchandises à fret, lorsqu'ils ne peuvent se déplacer par leurs propres moyens ». Elle autorise dont les commissaires de l'Inscription Maritime à accorder purement et simplement des permis de circulation aux chalands remorqués, porteurs de marchandises à fret — et leur donne l'ordre d'outre-passer la loi, de ne tenir aucun compte des scrupules que certains d'entre eux avaient eus lorsqu'ils ont signalé au Ministre de la Marine leur avis motivé sur la question.

Assurément, comme M. Durassier, commissaire du Gouvernement, l'a plusieurs fois énoncé à la tribune du Sénat, les cas spéciaux qui peuvent se présenter pour l'application de la loi du 20 juillet 1897, relativement aux divers engins flottants, tels que dragues, pontons, phares et autres, ne pouvant pas tous être individuellement prévus dans la loi, doivent être tranchés par des circulaires ministérielles ; mais ce qui n'est pas possible au Ministre de la Marine, ce qui lui est interdit par le respect que, plus que tout autre, il doit avoir du strict exercice de la Justice, c'est de contourner la loi, et de la modifier dans son essence même. S'il est entendu que le rôle d'équipage ne peut, ni ne doit être accordé aux chalands remorqués, il est par contre prescrit par l'art. 1er de la loi, que seuls, les chalands remorqués servant *exclusivement* au transport des marchandises destinées aux entreprises industrielles pourront obtenir des permis de navigation, et encore comme nous le verrons par l'étude de la circulaire du 26 juillet 1897, dans des conditions exceptionnelles et limitatives.

La circulaire du 9 septembre 1898 ne peut pas être appliquée puisqu'elle est contraire à la loi ; et sa mise en vigueur depuis son apparition est aussi illégale qu'inopportune ; — elle force les commissaires de l'Inscription Maritime à apposer leurs signatures sur un permis qui, deux lignes au-dessus de leur visa, leur intime l'ordre de ne le délivrer en « aucun cas », vu la nature du chargement à frets des chalands pour lesquels ils le donnent

A la Chambre comme au Sénat, dans les discussions qu'a suscitées l'élaboration de la loi, il n'a jamais été question d'accorder ces permis de circulation qu'à des chalands ou pontons destinés *exclusivement* à des exploitations industrielles ; voici comment M. Lockroy, ministre de la Marine, s'exprimait sur ce point dans son instruction sur l'application de la loi, le 26 juillet 1898. (Page 16, articles 84 et 85.)

84. Le permis de circulation étant délivré pour une affectation précise, en vue de l'exploitation de concessions, propriétés ou entreprises déterminées, et le titulaire y étant nominativement désigné, il en résulte que les bateaux qui en seront munis ne pourront être ni loués ni prêtés à des tiers pour desservir, même momentanément des établissements appartenant à d'autres personnes. Mais il est bien évident que la présence du titulaire à bord ne saurait être exigée, puisqu'un même industriel peut posséder plusieurs embarcations affectées à ses exploitations ; ces embarcations pourront donc, comme par le passé, être montées par toutes gens au service du titulaire, conformément à la circulaire du 30 juin 1896 (*B. O.*, p. 1083, pourvu qu'elles conservent leur affectation propre.

85. — Je ne vois pas la nécessité de déterminer, comme on l'a proposé, une limite maxima des distances que pourront parcourir les embarcations affectées à de semblables exploitations. Il est évidemment inadmissible qu'un entrepreneur possédant plusieurs usines ou chantiers sur différents points de la côte assez éloignés les uns des autres émette a prétention de les relier entre elles par un véritable service de transport, effectué au moyen de gabarres pourvues seulement de permis, ou se serve de ces gabarres pour diriger les produits manufacturés de ses usines ou les chargements provenant de ses chantiiers, vers les points d'écoulement. *Ce serait là une concurrence déguisée faite à la navigation de cabotage ou de bornage, et à laquelle l'Administration de la Marine doit s'opposer par tous les moyens en son pouvoir.*

Retenous bien cette dernière phrase qui prouve d'une façon péremptoire le souci du Ministre de ne pas porter par cette navigation de remorque un coup au petit cabotage qu'il prévoit terrible, et le soin qu'il met à prémunir son Administration contre semblable danger ! C'est poussé par le désir d'éviter cette « concurrence déguisée » qu'il entre alors dans plus de détails, qu'il précise mieux ce qu'il faut entendre par « exploitation d'entreprises industrielles » et c'est ainsi que nous lisons aux paragraphes 86 et 87 :

86. — Mais il ne semble pas impossible de déterminer de façon précise ce qui distinguera de la navigation de transport « l'exploitation » telle que l'a entendu l'article 1er.

87. — Pour qu'il y ait seulement exploitation il faut que les transports effectués s'appliquent, soit aux produits mêmes de l'établissement industriel ou agricole portés *au point abordable le plus rapproché*, soit, inversement, aux matières premières, instruments, personnel ouvrier, etc., qu'il y a lieu de conduire de ce point à l'établissement pour fournir à l'entreprise les éléments de travail dont elle a besoin. Il faut, en un mot, que ces opérations de navigation restent une *condition d'exercice* de la profession industrielle ou agricole. Or, ainsi définies, ces opérations ne se limitent-elles pas d'elles-mêmes et n'est-il pas aisé de constater si les intéressés se tiennent strictement dans le rayon limité des mouvements intérieurs inévitables qu'ils ne peuvent dépasser sans transformer leur industrie d'exploitation ou une entreprise de transports ? *Il est essentiel de ne pas laisser les détenteurs de permis empiéter sur le domaine de la petite navigation côtière, dont la situation devient de moins en moins prospère.* Aussi les commissaires des quartiers ne devront-ils pas hésiter à exercer les poursuites prévues par l'article 5 (§ 5) lorsqu'ils constateront des abus et des fraudes sur la nature des opérations.

Est-il nécessaire de rechercher d'autres arguments en faveur de la cause que nous soutenons, après que l'on a lu ce très explicite commentaire de la loi. Est-il possible qu'après s'être si longuement attardé à signaler les dangers que présenterait pour la navigation côtière le système des chalands remorqués la Marine puisse, le 9 septembre, soit cinq semaines après, ordonner à ses fonctionnaiaes de délivrer à ces chalands un permis de circulation.

En admettant même qu'il aurait pu y avoir ambiguïté dans le texte de la loi, ce qui n'est pas, cette navigation de halage au petit cabotage ne pourrait être tolérée par la Marine, dont tous les principes sont contraires à ce genre de transports ; c'est une dérogation complète apportée à ses règlements fondamentaux, à ses devoirs, à ses traditions ; ces chalands n'ont aucune machine motrice, ne sont munis d'aucun mât, d'aucune voile, d'aucun aviron, ce sont des masses inertes et nuisibles, incapables de se mouvoir, qui n'ont rien de marin dans leurs formes alourdies ; leur personnel se compose d'un seul homme, le plus souvent charpentier ou homme de peine, rarement Français ; les propriétaires de ces chalands ne subissent aucune des exigences coûteuses de la loi sur l'inscription maritime, rapatriements, frais d'hôpitaux, d'assurances, etc. ; ils échappent à la surveillance de l'Etat, des lloyds maritimes, leurs impôts sont réduits ; ils ignorent les taxes de pilotage, les mesures quarantenaires, les multiples circulaires de la marine sur la nature et la composition des rôles, leurs frais d'assurances, d'opérations d'embarquement et de débarquement sont insignifiants, et la seule chose qui leur coûte quelque peu, c'est l'outil qui remorque, et encore combien minime est cette dépense. Ce remorqueur est de provenance étrangère, c'est presque toujours le cas ; il est monté par quelques hommes dont le nombre est réduit au strict nécessaire et comme une vraie locomotive aquatique, dès son arrivée dans le port terminus, il est détaché de ses vagons flottants pour être de suite attelé à d'autres déjà allégés ; son utilisation est continuelle, il n'a pas à attendre que le chargement ait été mis à quai, et que les opérations d'embarquement soient terminées ; dès qu'il arrive il repart, suivi d'une remorque chargée par avance.

Avec une consommation insignifiante de charbon le remorqueur peut charrier 300, 600, 900 tonnes, suivant le nombre des chalands ; il n'a pas besoin des mêmes soins que le vapeur et s'il doit s'arrêter pour se réparer, le coût de sa réparation n'atteint jamais celle d'un vapeur ; il ignore les frais de passage au bassin de radoub, et pendant que l'on ne dispose plus de lui, une location facile et bon marché permet à son propriétaire de continuer à assurer son service de remorque. Quant aux chalands, presque tous achetés en Italie, construits en bois, doublés en zinc, ils peuvent rester en mer dix ans sans nécessiter de réparations.

Faut-il indiquer comme parallèle les charges de l'armateur des voiliers et bateaux à vapeur faisant le petit cabotage. Toutes celles que n'ont pas les chalands remorqués, il les a ; son budget concernant les matières combustibles, la voilure, les réparations, l'armement, les opérations de chargement et déchargement, les patentes, pilotages, frais de navigation, assurances sur corps et contre les accidents du personnel, et mille autres dépenses igno-rées par son concurrent est augmenté encore du fait des risques d'avarie sur marchandises provenant de l'arrimage, et de la pré-cipitation avec lequel il doit être fait s'il veut que son vapeur, dont l'âme tient au corps (contrairement à ce qui se passe pour les chalands, puisque sans la remorque ils deviennent de vraies bouées sur l'eau), puisse effectuer le nombre de voyages utiles à sa bonne utilisation.

Enfin, n'est-ce pas de l'avis de tous les marins, notre naviga-tion côtière qui forme le mieux nos matelots ; n'est-ce pas dans ces atterrissages quotidiens qu'ils acquièrent le plus vite la con-naissance de leur métier.

L'Amiral Rieunier disait encore hier, 23 novembre 1899, à la tribune de la Chambre, au sujet de la discussion générale du budget du commerce, ce que beaucoup d'autres avant lui ont déjà dit : « la marine marchande est la pépinière de la marine militaire ; il faut des marins militaires ; ces marins comptent dans les forces vives de la France, et la marine marchande dépérissant, la marine de guerre s'en ressentira et ne pourra plus se recruter comme autrefois et dans les conditions nécessaires ». Et plus loin : « Or, l'on constate qu'il y a une sorte de dégoût, de tristesse, d'abattement chez les populations maritimes ; le métier de marin ne vaut presque plus rien ; dès lors, on ne fera plus d'élèves ; les pères n'entraîneront plus leurs fils vers cette noble et rude carrière qui demande tant de vertus, qu'on n'improvise pas, et il sera trop tard pour créer une nouvelle génération de marins ». Les paroles de cet ancien ministre de la marine sont un vrai cri d'alarme qui mérite d'être entendu. Que ne l'aide-t-on, en effet, à vivre notre petite flotte côtière au lieu de retourner comme à plaisir contre elle les lois elles-mêmes qui ont cependant été faites dans l'intention de la protéger. Le législateur, en faisant la loi sur la demi-solde, a voulu empêcher tous ceux qui ne sont pas de vrais marins de jouir des avantages de retraites dont ils doivent seuls tirer profit — et c'est vraiment aussi un côté bizarre, et une conséquence inattendue de cette loi que de voir qu'en même temps que la marine se montre plus exigeante pour les gens de mer, elle leur crée aussi par l'autorisation de laisser naviguer des chalands remorqués, un adversaire tel qu'ils ne peuvent plus trouver l'aliment de fret nécessaire à l'utilisation de leurs voiliers et de leurs vapeurs.

L'article 4 de la loi du 30 juillet 1897 est ainsi conçu : « si un bâtiment ou une embarcation de plaisance a un équipage rémunéré composé d'inscrits maritimes, etc. » M. Le Cour Grandmaison proposa, lors de la discussion de cette loi au Sénat, l'amendement suivant : « Si un bâtiment ou une embarcation de plaisance, *ou un chaland ponton ou autre engin flottant* **exclusivement** *affecté aux entreprises industrielles, etc.* ». Mais aussitôt M. le Commissaire du Gouvernement demanda la parole et s'exprima ainsi :

MESSIEURS,

Le but de l'amendement qui vous est soumis est d'ajouter les pontons, chalands et autres engins flottants à la catégorie des bateaux qui recevraient des rôles d'équipage.

L'adoption de cet amendement aurait pour conséquence d'ouvrir le droit à la pension de demi-solde à ceux des marins qui montent à bord de ces bateaux ; or, il suffit de savoir ce que c'est qu'un ponton, un chaland, pour comprendre que ces sortes d'engins excluent toute idée de navigation maritime active.

Je prends le texte de l'amendement tel qu'il est libellé : « ..., chalands, pontons et autres engins flottants. » Or, je le répète, le chaland, le ponton excluent toute espèce d'idée de navigation en mer active. Le ponton est une espèce de corps mort, fixe, immobilisé ; le chaland est un bateau qui ne peut naviguer par lui-même, qui doit être remorqué lorsqu'il va en mer. Par conséquent, les hommes qui le montent restent passifs à bord et ne peuvent même imprimer aucune direction à ce bateau.

Il ne serait donc pas possible de considérer ces engins comme des bâtiments de navigation maritime. Peut-on dire, en vérité, que les marins qui y sont embarqués font une navigation sérieuse ?

Lorsque nous arriverons à l'application de la loi et qu'on se trouvera en présence de certaines espèces de bateaux non prévus dans la loi, il y aura à apprécier quels seront ceux qui pourront rentrer dans la catégorie des « engins flottants » auxquels des rôles d'équipage seraient délivrés. Mais cela est du domaine du règlement d'administration publique et de l'interprétation administrative.

On ne peut pas tout mettre dans la loi ; on ne peut pas prévoir toutes les espèces qui se présenteront. Les mots « engins flottants » constituent, je le répète, une catégorie dans laquelle il sera possible de faire rentrer tous les engins pouvant être assimilés aux bâtiments de mer.

Nombreuses sans doute seront les questions d'espèce que l'administration aura à résoudre au fur et à mesure qu'elles se poseront. Le Parlement peut être convaincu que l'administration appliquera la loi dans un esprit de libérale et de bienveillante interprétation aux cas dignes d'intérêt qui pourront se présenter.

M. Durassier a ainsi parfaitement éclairci le débat et spécifié le cas du chaland : « Aucun chaland, aucun ponton, dit-il, ne peut avoir droit à un rôle d'équipage — il réserve, ajoute-t-il, au règlement d'administration publique (qui n'a pas paru encore, bien que la loi soit applicable depuis le 23 juillet 1897) le soin d'apprécier tel ou tel cas spécial pour les engins flottants, les dragues par exemple, mais pour les chalands ou les pontons, il est affirmatif : « Il suffit de savoir ce que c'est qu'un chaland pour comprendre que cette sorte d'engin exclue toute idée de navigation maritime ». Et plus loin, M. Durassier ajoute : « Le chaland est un bateau qui ne peut naviguer par lui-même, qui doit être remorqué quand il va en mer. »

Cette opinion est corroborée par les développements suivants de M. Lockroy, ministre de la Marine, dans sa circulaire du 26 juillet 1898 (page 7, paragraphes 31 et 32) :

31. L'article 1ᵉʳ de la loi du 20 juillet 1897 refuse, en conséquence, la délivrance du rôle d'équipage aux embarcations qui, soit par leur nature, soit par leur affectation, ne peuvent être considérées comme de véritables bâtiments de mer, ni constituer pour les hommes qui les montent cette école d'endurance et de manœuvre qui les prépare au service de la flotte. Tels sont les chalands, pontons et autres engins flottants qui, outre qu'ils doivent être considérés le plus souvent comme faisant partie du matériel d'exploitation d'entreprises industrielles, où l'homme employé est plus journalier que marin, ne sont point d'ordinaire gréés pour naviguer par leurs propres moyens et sont traînés à la remorque, sortes de véhicules passifs à bord desquels il n'est pas possible de pratiquer sérieusement le métier de navigateur.

32. Les termes de « chaland », de « gabare », etc., qui s'appliquent en général à des sortes de récipients à matériaux, incapables de se déplacer d'eux-mêmes et, par suite, désormais exclus du rôle d'équipage, servent à désigner, dans certaines régions, des bateaux ayant voiles et mâture et naviguant par leurs propres moyens. Il va sans dire que, dans ces conditions, les commissaires de l'Inscription maritime ne devront pas s'arrêter à une dénomination impropre. Ils devront distinguer entre les chalands qui ne peuvent se mouvoir par leurs propres moyens, et qui ont besoin d'être halés soit par des remorqueurs soit par des chevaux sur les berges, et ceux qui, munis de voiles et d'un gréement suffisant, peuvent se diriger eux-mêmes et accomplir une navigation autonome. Les premiers rentrent dans la catégorie des engins visés par l'article 1ᵉʳ de la loi du 20 juillet 1897 et ne peuvent recevoir que des permis de circulation ; rien ne s'oppose, au contraire, à ce que, dans certains cas, les seconds soient pourvus d'un rôle d'équipage avec les avantages y attachés.

La conséquence qui découle de cette interprétation, est que les chalands remorqués ne peuvent rentrer ni dans l'une ni dans l'autre des deux catégories visées par M. Lockroy, et nous arrivons par là à ce que nous voulions démontrer :

1° Impossibilité sans commettre un acte illégal de délivrer à un chaland remorqué servant aux transports de marchandises à fret le permis de circulation prévu par l'article 1ᵉʳ de la loi du 20 juillet 1897 qui est uniquement réservé aux chalands *exclusivement* affectés à des exploitations industrielles.

2° Impossibilité de délivrer un rôle d'équipage au chaland qui « exclue toute idée de navigation maritime active et doit être remorqué lorsqu'il va en mer. »

Donc suppression de l'autorisation accordée jusqu'à ce jour par la Marine de laisser sortir des ports un chaland chargé de marchandises autres que celles servant exclusivement à l'exploitation d'entreprises industrielles.

C'est là notre conclusion.

Est-ce au moment où l'on s'occupe activement du relèvement de la marine marchande en France, où le gouvernement vient de déposer sur le bureau des Chambres une loi dont l'utilité est indéniable, qu'il laisserait plus longtemps se perpétrer semblable illégalité.

Nous savons que notre manière de voir est celle de nombreux commissaires de l'Inscription Maritime, que plusieurs fois déjà l'attention du Ministre de la Marine a été attirée sur le dénis de justice dont sont victimes les armateurs côtiers par le fait de la circulaire ministérielle du 9 septembre 1898. Nous en demandons l'annulation et, forts du droit que nous accordent les lois du 19 mars 1852 et du 20 juillet 1897, nous réclamons au nom de cette vaillante population des Inscrits maritimes, capitaines au long cours, au cabotage, mécaniciens diplômés de la marine, matelots, chauffeurs, etc., que défense soit faite aux chalands remorqués qui ne peuvent et ne doivent obtenir de l'Inscription Maritime ni rôle d'équipage, ni permis de navigation, que défense, disons-nous, leur soit faite conformément aux lois de se livrer au transport des marchandises à fret.

A. F.

ANNEXE

Il y a une dizaine d'années déjà il se produisit au sein des corporations maritimes de notre ville un mouvement de très vive protestation contre l'industrie des chalands remorqués, alors même qu'il ne s'agissait pas encore de transports de marchandises diverses à fret ; dans une réunion tenue le 28 février 1889 sur l'initiative du syndicat des capitaines au long-cours et de l'Union des corporations maritimes du Midi, l'Assemblée à l'unanimité, décida :

1° D'appeler l'attention toute spéciale du Ministre de la Marine sur les abus introduits dans la navigation des chalands naviguant en mer ; de demander que ces nouveaux bâtiments de mer soient astreints à avoir un équipage à leur bord, composé d'un maître au cabotage, de deux hommes et d'un mousse ;

2° Que ces chalands comme tous les autres bâtiments de mer soient astreints à toutes les règles et obligations de la mer, telles que : ancres, chaînes, mât et voiles nécessaires pour assurer la sécurité de leur navigation en cas d'avaries du remorqueur ou de tempête en navigation.

Cet ordre du jour fut transmis par les soins des Syndicats cités plus haut à M. le Ministre de la Marine, l'amiral Krantz, par l'intermédiaire de l'honorable sénateur, M. Peytral, alors député.

Le Ministre répondit le 11 avril 1889 par la lettre suivante à M. Peytral :

Monsieur le Député et Cher Ancien Collègue,

« Je fais étudier de nouveau la question soulevée par les corporations maritimes du Midi, au sujet de la navigation des chalands remorqués.

« J'ai tenu à vous le faire connaître et à vous donner l'assurance que cette affaire recevra une solution *absolument conforme* aux réglements en vigueur.

« Recevez, Monsieur le Député et Cher Ancien collègue, les assurances de ma haute considération et de mes sentiments dévoués. »

Le vice-amiral, Ministre de la Marine,

KRANTZ.

A Monsieur Peytral, député.

Enfin, à la date du 13 mai 1889, M. le Ministre écrivait à M. le Commissaire de la Marine à Marseille, la lettre suivante :

Paris, le 13 Mai 1889.

« Monsieur le Commissaire, par votre lettre du 8 mai courant, vous m'avez demandé d'étendre aux chalands de M. Emile Talon, destinés à naviguer entre Cassis et les Iles d'Hyères et Marseille, la dispense du rôle d'équipage dont bénéficiaient les bateaux de MM. Danton et Vaccaro et ceux de MM. d'Ollières d'après mes dépêches des 4 juin 1888 et 5 décembre suivant. »

« Cette dispense devant tendre ainsi à prendre le caractère particulier qui m'avait porté à la consentir, je me suis livré à un nouvel examen des textes légaux auxquels elle se rapporte et j'ai reconnu qu'il ne m'était pas possible de persister dans cette voie d'exception en présence des termes formels de l'article Ier du décret du 19 mars 1852 concernant les rôles d'équipage et de l'article 2 du décret du 20 du même mois sur le bornage. »

« Je ne puis donc adhérer à votre proposition et j'ai décidé que les chalands employés par MM. Danton et Vaccaro et par MM. Olières devront, à compter du 1er juillet prochain, être munis d'un rôle d'équipage armé soit au cabotage, soit au bornage selon le genre de navigation qu'ils effectuent. »

« Je vous prie d'assurer l'exécution de ma décision. »

« Recevez, etc. »

« Signé : Krantz. »

Ainsi avant la loi du 20 juillet 1897, le rôle d'équipage était obligatoire pour les chalands remorqués, mais aujourd'hui cette loi infirmant celle du 12 mars 1852, retire aux chalands remorqués l'usage du rôle d'équipage et leur refuse en même temps le permis de circulation si leur utilisation n'est pas une de celles prévues par l'article 1er.

Nous avons jugé utile d'ajouter à notre rapport la publication des lettres et circulaires ci-dessus afin de bien prouver que nos conclusions tendant *a interdire la sortie des ports aux chalands remorqués chargés de marchandises à fret* qui ne peuvent obtenir ni rôle d'équipage, ni permis de circulation, découlent non seulement de la parfaite limpidité du texte de la loi du 20 juillet 1897, mais des conséquences même des circulaires ministérielles antérieures à la loi.

Nous sommes convaincus que, comme cela a eu lieu en 1889, M. le Ministre « après un nouvel examen des textes légaux » reconnaîtra le bien fondé de nos protestations et dondera à cette question des *chalands remorqués chargés de marchandises à fret* « une solution absolument conforme aux règlements qui devraient être en vigueur !.

www.ingramcontent.com/pod-product-compliance
Lightning Source LLC
LaVergne TN
LVHW051146060726
842526LV00006B/2246